GOUVERNEMENT GÉNÉRAL DE L'INDOCHINE

PUBLICATIONS DE L'AGENCE ÉCONOMIQUE

III

RÉGIME DOUANIER DE L'INDOCHINE

LÉGISLATION ET TARIFS

1er Janvier 1931

AGENCE ÉCONOMIQUE DE L'INDOCHINE

PUBLICATIONS

DE

L'AGENCE ÉCONOMIQUE DE L'INDOCHINE

I. — ATLAS DES BOIS DE L'INDOCHINE, par H. Lecomte, membre de l'Institut, professeur au Muséum national d'Histoire naturelle, 1919, in-4°, 254 p.

Ouvrage contenant la description de 123 bois différents, et illustré de 247 microphotographies. *Édition en autocopie épuisée.* Une nouvelle édition imprimée est en préparation.

II. — ESSAIS EFFECTUÉS A L'ECOLE FRANÇAISE DE PAPETERIE DE GRENOBLE AVEC DIVERSES PLANTES D'INDOCHINE, par L. Vidal et M. Aribert, professeurs à l'Ecole Française de Papeterie, 1921.

III. — RÉGIME DOUANIER DE L'INDOCHINE (législation et tarifs à jour au 1er janvier 1922).

INDOCHINE

(JANVIER 1922)

Les renseignements ayant servi à l'établissement de ces relevés ont été puisés à
l'Agence Economique du Gouvernement Général de l'Indochine, 41, Avenue de l'Opéra, à Paris

NOTE PRÉLIMINAIRE

Le régime douanier de l'Indochine est, dans l'ensemble, identique à celui de la France; toutefois, en vertu de la loi du 11 janvier 1892, des dérogations peuvent être apportées par décrets au tarif métropolitain de certaines marchandises. Il a été institué ainsi un tarif spécial à l'Indochine qui ne porte d'ailleurs que sur un nombre très restreint de rubriques, la plupart consacrées à des marchandises d'origine chinoise exclusivement destinées à la consommation des Asiatiques.

Le tableau des droits de sortie n'est pas plus développé; il n'affecte qu'une trentaine de rubriques et les droits sont trop modérés pour entraver les transactions avec l'extérieur.

Il convient d'ailleurs de remarquer que les marchandises françaises importées en Indochine en transport direct et accompagnées d'un passavant ou d'un acquit-à-caution régulier y sont admises en exemption de tous droits autres que les droits de consommation et de circulation intérieure; de même, les produits exportés de la colonie à destination de la France et des autres colonies françaises sont exonérés des droits de sortie. Enfin, à l'importation dans la métropole les marchandises du cru de l'Indochine, accompagnées d'un certificat d'origine, sont admises en franchise, à l'exception des sucres, des mélasses, des produits sucrés et des poivres. Encore les poivres indochinois bénéficient-ils, jusqu'à concurrence d'un contingent annuel de 2.500 tonnes, d'une détaxe de 104 francs par 100 kilogs sur les droits des poivres étrangers.

On voit par ce qui précède que la législation en vigueur est extrêmement favorable au développement des relations économiques entre la France et sa grande colonie d'Extrême-Orient.

Il n'est perçu en Indochine aucune surtaxe d'entrepôt.

Le droit de statistique est applicable dans la colonie d'après les mêmes règles que dans la métropole.

Il existe en outre pour les marchandises expédiées sous le couvert du transit international à travers l'Indochine un droit égal au cinquième des droits d'importation.

Les prohibitions d'importation et d'exportation sont actuellement limitées à un très petit nombre d'articles, savoir :

A L'IMPORTATION, l'opium brut et officinal, le chanvre indien, les plants d'hévéas, les plants, boutures, feuilles et graines de canne à sucre, les alcools d'origine et de provenance étrangère, les produits chimiques et pharmaceutiques visés par l'article 2 de la loi du 7 novembre 1919, les contrefaçons en librairie et les monnaies d'argent.

A L'EXPORTATION, l'opium brut ou officinal, l'or, le platine et l'argent bruts en masses, lingots, barres, poudre, objets détruits, les contrefaçons en librairie, les armes de guerre, les papiers représentatifs de la monnaie et les monnaies d'or, d'argent, de cuivre et de billon.

Certaines de ces prohibitions ne sont, du reste, pas absolues et des dérogations peuvent y être apportées par le Gouvernement Général.

Le tarif minimum ne joue pas pour les articles qui sont repris aux rubriques du tarif spécial en Indochine. Nous donnons ci-après la liste des pays bénéficiant, en Indochine, du tarif minimum.

En résumé, à l'importation les produits étrangers importés en Indochine sont soumis aux mêmes droits que s'ils étaient importés en France. Des décrets en forme de règlements d'administration publique déterminent les produits qui, par exception à cette disposition, sont l'objet d'une tarification spéciale (articles 3 et 4 de la loi du 11 janvier 1892). A l'exportation, les droits qui, dans la Métropole, frappent certaines marchandises ne sont pas applicables en Indochine s'ils n'ont pas fait l'objet de décrets spéciaux à la Colonie. Il en est de même pour les interdictions à la sortie.

Dans les tableaux qui suivent, nous nous bornons donc à publier le relevé de ces exceptions avec l'indication des textes qui les ont décrétées.

TABLEAU DES DROITS DE DOUANE
PERÇUS EN INDOCHINE PAR DÉROGATION AU TARIF MÉTROPOLITAIN

IMPORTATION

Les produits étrangers importés en Indochine sont soumis aux mêmes droits que s'ils étaient importés en France. Des décrets en forme de règlements d'administration publique déterminent les produits qui, par exception à cette disposition, sont l'objet d'une tarification spéciale (Art. 3 et 4 de la loi du 11 janvier 1892).

L'application des cœfficients n'a pas pour effet de modifier la base de la tarification au brut, au net ou au demi-brut, telle qu'elle résulte des tarifs de 1892 et subséquents.

MATIÈRES ANIMALES	TARIF GÉNÉRAL	TARIF MINIMUM	COEFFICIENTS	UNITÉS SUR LESQUELLES PORTENT LES DROITS	TITRES DE PERCEPTION
CHAPITRE Iᵉʳ **ANIMAUX VIVANTS** Toutes rubriques du chapitre.	Exempts	Exempts	»		Décret du 29 décembre 1898
CHAPITRE II **PRODUITS ET DÉPOUILLES D'ANIMAUX** Lait (même stérilisé ou peptonisé sans concentration).................	Exempt	Exempt	«		Idem
Lait concentré (1) additionné de sucre dans la proportion de 50 % et plus..	65 fr. (2)	26 fr. (3)		100 k. net	Circ. N° 3632 du 22 nov. 1906.
Lait concentré additionné de sucre dans la proportion de moins de 50 %.....	Moitié des droits du sucre raffiné plus 45 fr. (4).	«		100 k. net	Loi du 11 janv. 1892 et du 21 nov. 1906.
Lait concentré additionné de sucre dans la proportion de moins de 40 %....	»	40% des droits du sucre raffiné plus 6 fr. (5).		100 k. net	Idem
Lait concentré additionné de sucre dans la proportion de 40 % inclusivement à 50 % exclusivement.............	»	Moitié des droits du sucre raffiné plus 6 fr. (6).		100 k. net	Idem
Farine lactée (1) additionnée de sucre.	Mêmes droits que le lait concentré sucré selon la proportion de sucre.				
Nids d'hirondelles.................	100 fr.	100 fr.		100 k. net	Décret du 29 décembre 1898.

(1) La tarification spéciale du lait concentré sucré et de la farine lactée sucrée en Indochine n'est pas la conséquence d'une dérogation par décret à la loi du 11 janvier 1892. Elle résulte de ce fait que les taxes de consommation incorporées dans le droit de douane de la métropole ne sont pas perçues dans la Colonie.

(2) Droit du sucre raffiné : 20 fr. + droit fixe de 45 fr. = 65 fr.

(3) Droit du sucre raffiné : 20 fr. + droit fixe de 6 fr. = 26 fr.

MATIÈRES ANIMALES ET VÉGÉTALES	TARIF GÉNÉRAL	TARIF MINIMUM	COEFFICIENTS	UNITÉS SUR LESQUELLES PORTENT LES DROITS	TITRES DE PERCEPTION
CHAPITRE III **PÊCHES**					
Poissons secs, salés ou fumés autres que les morues, stockfischs, harengs, maquereaux, sardines et anchois......	10 fr.	10 fr.		100 kil. brut	Décret du 29 décembre 1898
Crevettes sèches, biches de mer, ailerons de requins, algues marines....	10 fr.	10 fr.		100 kil. brut	Idem
CHAPITRE VI **FARINEUX ALIMENTAIRES**					
Vermicelle chinois.................	10 fr.	10 fr.	2	100 kil. brut	Idem
Légumes secs d'origine chinoise......	5 fr.	5 fr.		100 kil. brut	Idem
Pommes de terre..................	Exemptes	Exemptes		»	Idem
CHAPITRE VII **FRUITS ET GRAINES**					
Fruits de table frais d'origine chinoise.	Exempts	Exempts		»	Décret du 10 octobre 1908
Fruits de table secs ou tapés n'ayant pas de similaires en Europe.........	5 fr.	5 fr.		100 kil. brut	Idem
Graines à ensemencer.............	Exemptes	Exemptes		»	Décret du 29 décemb. 1898
Noix d'arec fraîches...............	8 fr.	8 fr.	2	100 kil. brut	Idem
Noix d'arec sèches................	15 fr.	15 fr.	2	100 kil. brut	Idem
CHAPITRE VIII **DENRÉES COLONIALES DE CONSOMMATION**					
Sucres des colonies et possessions françaises en poudre et raffinés (candis et autres) (7).................	Exempts	Exempts		»	Loi du 11 janvier 1892
Sucres étrangers en poudre dont le rendement présumé au raffinage est de 98 % au moins (8).............	19 fr. 50	19 fr. 50		100 k. net poids effectif (11)	Décrets des 21 août et 19 octobre 1903

(4) Droit total 55 francs ($\frac{20}{2} + 45 = 55$).

(5) Droit total 14 francs ($\frac{20 \times 40}{100} + 6 = 14$).

(6) Droit total 16 francs ($\frac{20}{2} + 6 = 16$).

(7) On ne considère comme produits des colonies et possessions françaises que ceux qui sont importés directement.

MATIÈRES VÉGÉTALES	TARIF GÉNÉRAL	TARIF MINIMUM	COEFFICIENTS	UNITÉS SUR LESQUELLES PORTENT LES DROITS	TITRES DE PERCEPTION
Mêmes sucres étrangers plus de 98 p. 100 (8)........................	20 fr. 00	20 fr. 00		100 k. net poids effectif (11)	Décrets des 21 août et 19 octobre 1903.
Sucrés étrangers raffinés candis et autres (8)........................	20 fr. 00	20 fr. 00		Idem	Idem
Sucres noirs dits galettes chinoises.	17 fr. 00	17 fr. 00		100 k. net	Décret du 26 août 1904.
Sirops, bonbons, fruits confits au sucre des colonies et possessions françaises (7)........................	Exempts	Exempts		»	Loi du 11 janvier 1892.
Sirops, bonbons, fruits confits au sucre des pays étrangers autres que la Chine (8)........................	20 fr. 00	20 fr. 00		100 k. net	Idem
Sirops, bonbons, confitures au sucre d'origine chinoise................	1/2 droit du tarif métropolitain, soit 10 fr. (10).		2	Idem	Décret du 29 décemb. 1898.
Biscuits sucrés des colonies et possessions françaises (7).............	Exempts	Exempts		»	Loi du 11 janvier 1892.
Biscuits sucrés des pays étrangers (9)..	28 fr. 00	24 fr. 00		100 k. net	Idem
Confitures au sucre ou au miel des colonies et possessions françaises (7)..	Exemptes	Exemptes		»	Idem
Mêmes confitures des pays étrangers (9)........................	10 fr. 00	10 fr. 00		100 k. net	Idem
Bétel............................	15 fr. 00	15 fr. 00		100 k. brut	Décret du 29 décemb. 1898.
Tabacs en feuilles d'origine chinoise (12)........................	50 fr. 00	50 fr. 00		Idem	Décret du 10 octobre 1908.
Tabacs en feuilles d'autres provenances étrangères...................	100 fr. 00	100 fr. 00		100 k. net	Idem
Côtes de tabacs pour engrais........	Exemptes	Exemptes		»	Idem
Tabacs fabriqués :					
Cigares et cigarettes de toutes provenances étrangères (12)............	250 fr. 00	250 fr. 00	5	100 k. net	Idem
Tabacs préparés d'origine chinoise (12)	70 fr. 00	70 fr. 00	5	Idem	Décret du 22 novemb. 1911
Tabacs préparés d'autres provenances étrangères (12)...................	250 fr. 00	250 fr. 00	.5	Idem	Décret du 10 octobre 1908.

(8) La Convention de Bruxelles ayant été dénoncée par la France, les anciens droits ont été majorés de 14 francs par 100 kilogrammes.

(9) Par suite de la dénonciation par la France de la Convention de Bruxelles, les anciens droits ont été majorés de 7 fr. par 100 kilogrammes.

(10) Le droit métropolitain s'entend ici net des taxes intérieures non applicables à l'Indochine.

(11) « Poids effectif » est pris ici par opposition à « Poids de sucre raffiné », mode de perception appliqué en France à certains sucres.

MATIÈRES VÉGÉTALES	TARIF GÉNÉRAL	TARIF MINIMUM	COEFFICIENTS	UNITÉS SUR LESQUELLES PORTENT LES DROITS	TITRES DE PERCEPTION
CHAPITRE IX **HUILES ET SUCS VÉGÉTAUX**					
Opium brut ou préparé (13)........	Prohibé	Prohibé		»	Décret du 29 décemb. 1898.
CHAPITRE X **ESPECES MEDICINALES**					
Espèces médicinales d'origine extra-européenne destinées à la fabrication des essences et parfums..........	Exemptes (15)	Exemptes (15)	»	»	Décret du 30 juin 1921.
Espèces médicinales d'origine extra-européennes autres................	60 fr. (A)	60 fr. 00 (B)	6	100 k. {(B) net 100 k. {(A) brut	Idem
Feuilles et fleurs de chanvre indien (Cannabis indica)................	Prohibées	Prohibées		»	Décret du 3 novemb. 1910
CHAPITRE XI **BOIS**					
Bois de chêne, de pin et de teck......	Exempts	Exempts		»	Décret du 10 octobre 1908.
CHAPITRE XII **FILAMENTS, TIGES ET FRUITS A OUVRER**					
Chanvre peigné..................	Exempt	Exempt		»	Décret du 29 décemb. 1898.
Bambous bruts ou simplement fendus	6 fr. 00	6 fr. 00		100 k. brut	Idem
Rotins entiers ou fendus...........	Exempts	Exempts		»	Idem
CHAPITRE XIV **PRODUITS ET DECHETS DIVERS**					
Légumes frais de toutes sortes, d'origine chinoise..................	Exempts	Exempts		»	Décret du 26 août 1904.

(12) Indépendamment des droits de douane, les tabacs importés en Indochine sont assujettis à la taxe de circulation intérieure fixée par les arrêtés du 19 avril 1906 et du 17 octobre 1921 aux tarifs suivants :

1° Tabacs en feuilles ou coupés non préparés pour être chiqués ou fumés................ 0 p. 20 par kilo.
2° Tabacs de qualité inférieure préparés pour être fumés ou chiqués, en vrac ou en ballots. 0 p. 30 —
3° Tabacs dits chinois............ 0 p. 75 —
4° Tabacs préparés pour être fumés ou chiqués, en boîtes ou paquets sous bandes, ou revêtus d'étiquettes ou de marques de fabrique, et cigarettes........................ 1 p. 25 —
5° Cigares............ 2 p. 55 —

Les tabacs indigènes rendus impropres à la consommation humaine et destinés à la préparation de la décoction antiparasitaire des poivriers sont exonérés de la taxe de circulation (arrêtés des 8 juillet 1903 et 30 août 1906).

Les tabacs mis en vente en Indochine sont assujettis au contrôle par vignettes. Pour les tabacs importés, les vignettes sont apposées au bureau des douanes (arrêté du 20 juin 1921).

(13) L'opium brut et officinal est prohibé à l'importation par le décret du 16 juillet 1919.

MATIÈRES VÉGÉTALES	TARIF GÉNÉRAL	TARIF MINIMUM	COEFFICIENTS	UNITÉS SUR LESQUELLES PORTENT LES DROITS	TITRES DE PERCEPTION
Ail.	8 fr. oo	8 fr. oo		1oo k. brut	Décret du 29 décemb. 1898.
Plants entiers ou fragments de plants, de boutures ou de feuilles de canne à sucre, à l'état vert ou à l'état sec, graines de cannes à sucre (14)....	Prohibés	Prohibés		»	Arrêté du 17 mai 1921 du Ministre des Colonies.
Plants d'hévéas...................	Prohibés	Prohibés		»	Arrêtés des 7 juin 1910 et 4 juillet 1911 du Gouverneur général et arrêté du 19 juin 1914 du Ministre des Colonies.
Poudres à jossticks...............	15 fr. oo	15 fr. oo		1oo k. brut	Décret du 29 décemb. 1898.

CHAPITRE XV

BOISSONS

MATIÈRES VÉGÉTALES	TARIF GÉNÉRAL	TARIF MINIMUM	COEFFICIENTS	UNITÉS SUR LESQUELLES PORTENT LES DROITS	TITRES DE PERCEPTION
Bière	12 fr. oo	12 fr. oo		1oo k. brut	Décret du 26 août 1904.
Boissons distillées (17) :					
Alcools d'origine et de provenance étrangère	Prohibés (16)	Prohibés		»	Décret du 8 juillet 1919.
Vins parfumés chinois.............	20 fr. oo	20 fr. oo	2	L'hectolitre de liquide	Décret du 29 décemb. 1898.

(14) La prohibition n'est absolue que pour certaines provenances (voir l'arrêté).

(15) A charge d'être dirigées sur une fabrique d'essences et parfums et mises en œuvre sous la surveillance du Service des Douanes.

(16 La prohibition ne s'applique ni aux alcools étrangers déclarés à Haïphong pour le transit à destination du Yunnan (décret du 23 mars 1920), ni aux liqueurs.

(17) Les alcools sont frappés en Indochine d'une taxe de consommation intérieure ainsi fixée : Alcools européens: une piastre vingt centièmes par litre d'alcool pur; vins de Chine, alcools parfumés, liqueurs à base d'alcool de riz, alcools vieillis et en général tous les alcools indigènes de luxe : cinquante centièmes de piastre par litre d'alcool pur; alcools ordinaires non rectifiés préparés pour la consommation des indigènes : trente centièmes de piastre (arrêté du 17 octobre 1921); alcools destinés à un usage industriel et dénaturés suivant les procédés indiqués au titre IV de l'arrêté du 20 décembre 1902 et au tableau y annexé : un centième par litre d'alcool pur (arrêté du 20 décembre 1902).

Les boissons hygiéniques ayant une force alcoolique égale ou inférieure à seize degrés (vins, cidres, poirés, hydromels, etc.), sont exonérés en Indochine de toute taxe de consommation (art. 47 de l'arrêté du 20 décembre 1902).

Les vins de liqueur ayant une force alcoolique supérieure à seize degrés ne paient la taxe des alcools rectifiés que sur les quantités d'alcool dépassant la limite de seize degrés (art. 48 de l'arrêté du 20 décembre 1902).

Ces vins de liqueur sont les suivants :

Vin d'Albano.	Vin de Calvisson.	Vin de Chio.
d'Alicante.	des Canaries.	de Chypre et autres îles de la Grèce.
de Benicarlo.	de Candie.	de Constance (Cap de
de Calabre.	du Cap.	Bonne-Espérance).

Vin de Tokay (Hongrie).	Vin de Santorin.	Vins muscats de l'espèce
de Lacryma-Christi.	de Syracuse.	de ceux de Lunel.
de Lesbos.	de Ténédos.	Vins muscats de l'espèce
de Madère.	de Ténériffe.	de ceux de Frontignan.
de Malaga.	de Tierno.	Vins muscats de l'espèce
de Marsala.	de la Verdée.	de ceux de Rivesaltes.
de Montefiascone.	de Xérès.	Vins muscats de l'espèce
de Montferra.	de Zucco.	de ceux de Samos.
du Mont-Liban.	Vins cuits de toute sorte	Vins muscats de l'espèce
de Pakaret.	autres que vermout.	de ceux de Tunisie, etc...
de Porto.	Vins dits de Rancio.	Vermout doux et sec, obtenu
de Rota.	dits de Paille.	avec des vins naturels.
	dits de Malvoisie.	

Le droit de l'alcool sur la force alcoolique totale doit être perçu lorsqu'il s'agit de vins de liqueur fabriqués, tels que ceux qui sont faits avec des raisins secs, des figues ou autres matières sucrées additionnées d'alcool d'industrie, etc... et dans la composition desquels il entre peu ou point de vin de raisins frais.

Les produits pharmaceutiques à base d'alcool, inscrits aux pharmacopées officielles, les alcools et les vins de liqueur destinés à la préparation de ces produits sont exonérés de la taxe de consommation (art. 49 de l'arrêté du 20 décembre 1902).

Ces produits sont, limitativement, dénommés ci-après :

Pepto-fer Jaillet (Elixir au peptonate de fer).
Boldo-Verne (Teinture de Boldoa-Fragans).
Elixirs de Mialhe et de Boudault (à la pepsine).
Elixir Monavon (à la kola).
  — de Guillié (à la scammonée, au jalap Xa).
  — de Virginie (t. c. hamamelis virginica et capsicum brasil).
Vin Aroud (au quina, fer, viande).
  — de Bugeau (au cacao).
  — de Catillou (à la peptone).
  — de Chassaing (pepsine et diastase).
  — de Deschiens (à l'hémoglobine).
  — de Désiles (au kola, coca, iode et phosphate de chaux).
  — de Dusart (au lacto-phosphate de chaux).
  — de Lavoix (au quina et phosphate de chaux).
  — de Mariani (à la coca).
  — de Monavon (à la kola).
  — de Vial (au quina et phosphate de chaux).
  — de Vivien (à l'extrait d'huile de foie de morue).
  — de Nourry (à l'iode et au tanin).
Iodoforme.
Salol.
Salicylate de soude.
Teinture d'arnica.
Bovinine.

Chlorodyne.
Extraits ou élixirs d'eucalyptus.
Extraits alcooliques de { alétria farineuse. / coudrier. / racine de Thapsia. / coca.
Rob-Lechaux.
Coaltar saponiné Le Bœuf.
Salsepareille parisienne de Grimault.
Quina Laroche.
Elixir Godineau.
Vin Jamet (au glycéro-phosphate de chaux).
Elixir de Grimault (à la pepsine).
  — de Boldo-Verne.
  — de Papéine-Trouette Perret.
  — Toni-radical au Colombo de Blottierre.
Vin urané de Pesqui.
  — d'Anduran.
  — de Bravais au quinquina.
  — Quinium Labarraque.
Vin de Peptone Chapoteaut.
Elixir vital de Quentin.
  — de Gaïacol Dégoulet.
  — de Bonjean.
  — de Bravais.

Un certain nombre de produits médicinaux, à base d'alcool dénaturé, échappent à la taxe de consommation des alcools dénaturés; ce sont les produits suivants :

DÉSIGNATION DES PRODUITS ADMIS A LA DÉTAXE	PROPORTION d'alcool imposable en principe	DATES DES DÉCISIONS Comité des Arts et Manufactures
Aconitine.	30.00 c. par kilo.	31 janvier 1883.
Atropine.	25.00 — —	— —
Brucine.	25.00 — —	— —
Caféine.	15.00 — —	— —
Chloral et hydrate de chloral.	1.23 — —	5 avril 1882 et 31 janvier 1883.

DÉSIGNATION DES PRODUITS ADMIS A LA DÉTAXE	PROPORTION d'alcool imposable en principe	DATES DES DÉCISIONS Comité des Arts et Manufactures
Chloroforme. . .	2.00	18 septembre 1867 et 31 janvier 1883.
Cicutine, conine, cinicine	10.00	31 janvier 1883.
Collodion (18)	1.19 par litre.	—
Diastase. . .	10.00 par kilo.	—
Digitaline. . .	30.00	—
Elatérine. . .	10.00	—
Emétine. . .	20.00	—
Ergotine de Bonjean	5.00	—
Escrine (sulfate)	20.00	—
Esérine cristallisé	25.00	—
Ether simple ou sulfurique	22.00	21 février 1866 et 31 janvier 1883.
Ether bromhydrique (bromure d'éthyle)	1.00	15 octobre 1882
Ether iodhydrique (iodure d'éthyle)	1.00	—
Ether nitrique	2.00	—
Ether chlorydrique (19)	2.50	—
Ether chlorydrique coloré (19)	6.00	—
Ether composé (acétique œnantique)	1.25	13 mars 1878 et 31 janvier 1883.
Ether butyrique et toutes les essences de fruits	1.00	31 janvier 1883.
Ethylate de soude (alcool sodé)	1.50	15 octobre 1882.
Extraits alcooliques divers	7.00	31 janvier 1883.
Fulminate de mercure	7.20	30 octobre 1872 et 31 janvier 1883.
Hyoscamine cristallisée	20.00	31 janvier 1883.
Jalapine. . .	6.00	—
Nicotine. . .	5.00	—
Pelletiérine. . .	10.00	—
Pilocarpine et ses sels	15.00	—
Résine de scammonée blanche	10.00	—
Résine de Jalap blanche	10.00	—
Santonine. . .	20.00	—
Savons transparents	0.30	23 juillet 1873 et 31 janvier 1883.
Strychnine	5.00	31 janvier 1883.
Sulfovinates. . .	2.00	—
Tannin. . .	2.00	8 août 1877 et 31 janvier 1883.
Valérianate de quinine	5.00	31 janvier 1883.
Valline. . .	10.00	—
Vérarine	20.00	—

(18) Si le collodion importé ne contient pas au moins de 12 à 15 gr. de pyroxiline par litre, ou s'il renferme plus de 50 cl. d'alcool par litre, il doit être frappé du droit de consommation de l'alcool ordinaire. La base de la perception reste fixée, même dans ce cas, à un litre 19 d'alcool par litre de collodion.

(19) La solution alcoolique d'éther chlorhydrique est passible du droit de consommation de l'alcool ordinaire.

MATIÈRES MINÉRALES ET FABRICATIONS	TARIF GÉNÉRAL	TARIF MINIMUM	COEFFICIENTS	UNITÉS SUR LESQUELLES PORTENT LES DROITS	TITRES DE PERCEPTION
CHAPITRE XVI **MARBRES, PIERRES, TERRES COMBUSTIBLES, MINÉRAUX, etc.**					
Pierres de construction ouvrées ou non	Exemptes	Exemptes		»	Décret du 29 décemb. 1898
Huiles minérales de toute espèce......	4 fr. 00 (20)	4 fr. 00 (20)		100 k. brut	Idem
CHAPITRE XVIII **PRODUITS CHIMIQUES (22)**					
Sel marin, sel de saline et sel gemme : bruts ou raffinés autres que blancs..	2 fr. 40 (21)	2 fr. 40 (21)		100 k. brut	Loi du 11 janvier 1892.
Raffinés blancs...................	3 fr. 30 (21)	3 fr. 30 (21)		100 k. brut	Idem
CHAPITRE XXI **COMPOSITIONS DIVERSES**					
Sauces et autres préparations culinaires non dénommées, d'origine chinoise	10 fr. 00	10 fr. 00		100 k. brut	Décret du 10 octobre 1908.
Médicaments composés à l'usage des Asiatiques, ne figurant pas dans une pharmacopée officielle, en vrac....	60 fr. 00 (A)	60 fr. 00 (B)	6	100 k. { (A) brut { (B) net	Décret du 26 août 1904.
Les mêmes en boîtes et en flacons....	150 fr. 00	150 fr. 00	6	100 k. net	Décret du 29 décemb. 1898.
Extraits de chanvre indien et toutes préparations dérivées du chanvre indien (cannabis indica), non destinés aux pharmacies européennes......	Prohibés	Prohibés		»	Décret du 3 novemb. 1910
Jossticks préparés.................	15 fr. 00	15 fr. 00	3	100 k. brut	Décret des 29 déc. 1898 et 18 fév. 1909.
CHAPITRE XXII **POTERIES**					
Poteries ordinaires d'origine chinoise	6 fr. 00	6 fr. 00	3	100 k. brut	Décret du 29 décemb. 1898.

(20) Les huiles minérales propres à l'éclairage sont frappées en Indochine d'une taxe de consommation intérieure de deux piastres et vingt centièmes de piastre par 100 kilogs brut (arrêté du 17 octobre 1921). Consulter l'arrêté du 11 juin 1912 sur l'importation et la mise en entrepôt des huiles minérales.

(21) Les droits de douane sur le sel (marin, de saline ou sel gemme) sont les mêmes que dans la métropole, mais en Indochine, il est perçu en outre une taxe de consommation de deux piastres vingt-cinq centièmes de piastre par quintal métrique (arrêté du 19 avril 1906). Les sels destinés à un usage agricole ou industriel sont, après dénaturation, exonérés de la taxe de consommation (arrêté du 24 décembre 1913).

(22) L'importation des alcaloïdes de l'opium (à l'exception de la codéine), de leurs sels et de leurs dérivés, de la cocaïne, de ses sels et de ses dérivés, de la diacétylmorphine et de ses sels, de l'extrait d'opium, du haschich et de ses préparations et de la morphine et de ses sels, ne peut être autorisée qu'au profit exclusif des pharmaciens diplômés et de certains laboratoires et établissements scientifiques.

FABRICATIONS	TARIF GÉNÉRAL	TARIF MINIMUM	COEFFICIENTS	UNITÉS SUR LESQUELLES PORTENT LES DROITS	TITRES DE PERCEPTION
Faïences ordinaires d'origine chinoise	10 fr. 00	10 fr. 00	3	100 k. brut	Décret du 29 décemb. 1898
Porcelaines communes blanches ou décorées d'une seule couleur, dessin ordinaire, épaisseur de moulage assez forte, pâte opaque ou à transparence à peine sensible, d'origine chinoise..........................	10 fr. 00	10 fr. 00	3	Idem	Idem

CHAPITRE XXIV
FILS

FABRICATIONS	TARIF GÉNÉRAL	TARIF MINIMUM	COEFFICIENTS	UNITÉS SUR LESQUELLES PORTENT LES DROITS	TITRES DE PERCEPTION
Fils de coton pur, simples, écrus, mesurant au kilogramme 31.000 mètres ou moins..................	34 fr. 50	23 fr. 00	3	100 k. brut	Décret du 30 juin 1911.
Les mêmes, plus de 31.000 mètres, pas plus de 41.000 mètres............	42 fr. 00	28 fr. 00	3	100 k. brut	Idem
Fils de soie à broder, écrus..........	200 fr. 00	200 fr. 00		100 k. net	Décret du 29 décemb. 1898.
Fils de soie à broder, teints.........	300 fr. 00	300 fr. 00		100 k. net	Idem

CHAPITRE XXV
TISSUS

FABRICATIONS	TARIF GÉNÉRAL	TARIF MINIMUM	COEFFICIENTS	UNITÉS SUR LESQUELLES PORTENT LES DROITS	TITRES DE PERCEPTION
Tissus de jute en pièces pour emballages	Exempts	Exempts		»	Décret du 29 décemb. 1898.
Tissus de jute :					
Sacs { neufs.....................	Idem	Idem		»	Idem
Sacs { ayant servi : importés vides.............	Idem	Idem		»	Idem
Sacs { importés pleins............	Idem	Idem		»	Idem
Tissus de soie d'origine chinoise......	200 fr. 00	200 fr. 00	4	100 k. net	Idem
Broderies à la main ou à la mécanique, de toute nature, d'origine chinoise.	500 fr. 00	500 fr. 00	4	Idem	Idem
Vêtements chinois en soie, non brodés	300 fr. 00	300 fr. 00	4	Idem	Idem
Vêtements chinois en soie, brodés....	800 fr. 00	800 fr. 00	4	Idem	Idem

CHAPITRE XXVI
PAPIER ET SES APPLICATIONS

FABRICATIONS	TARIF GÉNÉRAL	TARIF MINIMUM	COEFFICIENTS	UNITÉS SUR LESQUELLES PORTENT LES DROITS	TITRES DE PERCEPTION
Papier et enveloppes chinois de toute nature autres que ceux portant annonces ou réclames commerciales ou autres	20 fr. 00	20 fr. 00	4	100 k. brut	Décret du 10 octobre 1908.
Papier destiné au culte.............	20 fr. 00	20 fr. 00	3	Idem	Idem
Albums à images ou images simples de Chine................	15 fr. 00	15 fr. 00	3	Idem	Décret du 29 décemb. 1898.

FABRICATIONS	TARIF GÉNÉRAL	TARIF MINIMUM	COEFFICIENTS	UNITÉS SUR LESQUELLES PORTENT LES DROITS	TITRES DE PERCEPTION
Journaux et écrits périodiques chinois	Prohibés	Prohibés		»	Arrêté du 10 janvier 1916.
Cartes à jouer asiatiques ou autres....	1.000 fr. 00	1.000 fr. 00	4	100 k. net	Décret du 29 décemb. 1898.
Eventails, parapluies, ombrelles en papier ou bambous ou bois, panneaux en papier d'origine chinoise......	15 fr. 00	15 fr. 00	3	100 k. brut	Idem
CHAPITRE XXVII **PEAUX ET PELLETERIES OUVREES**					
Souliers chinois..................	0 fr. 125	0 fr. 125	3	La paire	Décret du 10 octobre 1908.
Malles et oreillers dits de Canton en peau ou en cuir factice..........	18 fr. 00	18 fr. 00	3	100 k. brut	Décret du 29 décemb. 1898.
Bourses en cuir de Chine et autres articles de cuir, d'origine et de fabrication chinoises................	18 fr. 00	18 fr. 00	3	Idem	Idem
CHAPITRE XXVIII **OUVRAGES EN METAUX**					
Monnaies d'argent................	Prohibées			»	Décret du 3 juin 1903
Machines agricoles (moteurs non compris), destinées à la culture du riz, machines accessoires destinées à la préparation de cette denrée........	15 fr. 00	Exemptes		100 k. brut	Décret du 30 juin 1911.
Machines complètes, montées ou démontées, destinées à l'extraction de l'or (moteurs non compris)........	8 fr. 00	8 fr. 00		Idem	Décret du 30 novemb. 1907
Caisses et bidons en fer blanc ayant servi au transport des huiles minérales...........................	26 fr. 00	Exempts		Idem	Décret du 30 juin 1911.
Boîtes et caisses en fer blanc ayant servi au logement des produits alimentaires...........................	Exemptes	Exemptes		»	Décret du 3 juin 1903.
CHAPITRE XXIX **ARMES, POUDRES ET MUNITIONS**					
Poudres à tirer et cartouches de chasse chargées.....................	10 % (23) *ad valorem*	10 % (23) *ad valorem*		Valeur	Décret du 29 décemb. 1898

(23) En France, la poudre à tirer et les cartouches de chasse pleines sont prohibées. En Indochine, ces articles paient en sus du droit de douane, une taxe de consommation de cinquante centièmes de piastre par kilo pour les poudres noires, de une piastre et cinquante centièmes pour les poudres pyroxylées, de cinq piastres par cent kilos pour les cartouches chargées à la poudre noire, et de sept piastres et cinquante centièmes pour les cartouches chargées à la poudre pyroxylée (arrêté du 21 novembre 1913).

FABRICATIONS	TARIF GÉNÉRAL	TARIF MINIMUM	COEFFICIENTS	UNITÉS SUR LESQUELLES PORTENT LES DROITS	TITRES DE PERCEPTION
Artifices pour divertissements........	125 fr. 00 (24)	100 fr. 00 (24)	1,6	100 k. net	Loi du 11 janvier 1892.
Artifices et pétards d'origine chinoise	30 fr. 00 (25)	30 fr. 00 (25)	4	100 k. brut	Décret du 26 août 1904.
CHAPITRE XXXI **OUVRAGES EN BOIS**					
Sabots chinois...................	2 fr. 50	2 fr. 50	3	100 k. brut	Décret du 29 décemb. 1898
Baguettes à manger, articles en bambou et en racine, tamis en bambou et en crin, plateaux, dessus de table, dominos, peignes, machines à compter, cuvettes, malles en bois ordinaire ou en bois de camphre vernies ou non, éventails et autres ouvrages en bois d'origine chinoise, panneaux en bambou peints ou non........	8 fr. 00	8 fr. 00	3	Idem	Idem
Articles laqués de Chine...........	20 fr. 00	20 fr. 00	4	100 k. brut	Idem
CHAPITRE XXXII **INSTRUMENTS DE MUSIQUE**					
Instruments de toute sorte d'origine chinoise :					
En bois..................	10 fr. 00	10 fr. 00	4	100 k. brut	Décret du 29 décemb. 1898
En métal.................	Régime du métal ouvré au Tarif général			»	Idem
CHAPITRE XXXIII **OUVRAGES DE SPARTERIE ET DE VANNERIE**					
Nattes de Chine..................	3 fr. 00	3 fr. 00	6	100 k. brut	Idem
Chapeaux chinois en écorces, paille ou jonc, articles en rotin, bonnets chinois en crin...................	5 fr. 00	5 fr. 00	3	Idem	Idem
Sacs en paille pour emballage.......	2 fr. 50	2 fr. 50		Idem	Idem
Cordages en rotin.................	2 fr. 50	2 fr. 50		Idem	Idem
Bottes et souliers chinois en paille..	5 fr. 00	5 fr. 00	3	Idem	Idem
Meubles en rotin et bambou, d'origine chinoise	5 fr. 00	5 fr. 00	3	Idem	Décret du 26 août 1904.

(24) Les droits de douane sont les mêmes qu'en France, mais il est perçu en sus une taxe de consommation de quatre piastres par cent kilos.

(25) Plus une taxe de consommation de quatre piastres par cent kilos,

FABRICATIONS	TARIF GÉNÉRAL	TARIF MINIMUM	COEFFICIENTS	UNITÉS SUR LESQUELLES PORTENT LES DROITS	TITRES DE PERCEPTION
CHAPITRE XXXIV **OUVRAGES EN MATIERES DIVERSES**					
Coques de bâtiments en fer ou en acier, d'un jaugeage brut de moins de 200 tonneaux....................	3o fr. oo	3o fr. oo		Le tonneau de jauge	Décrets des 29 décemb. 1898 et 26 août 1904.
Coques de bâtiments en bois d'un jaugeage brut de 200 tonneaux et plus.	4o fr. oo	4o fr. oo		Idem	Idem
Bottes et souliers chinois en étoffe, brodés ou non.....................	5o fr. oo	5o fr. oo	3	Les 100 paires	Décret du 29 décemb. 1898.
Tabletterie chinoise : peignes, boîtes, crochets en corne, ivoire, os, pipes en bois et tous autres objets similaires...........................	75 fr. oo	35 fr. oo	4	100 k. net	Décrets des 29 décemb. 1898 et 3o juin 1911
Bourses brodées ou non et autres objets semblables, d'origine chinoise......	100 fr. oo	100 fr. oo	4	Idem	Décret du 29 décemb. 1898.
Eventails en plume ou en étoffe, d'origine chinoise...................	5o fr. oo	5o fr. oo	4	100 k. brut	Idem
Eventails en feuilles de palmier......	5 fr. oo	5 fr. oo	3	100 k. brut	Idem
Eventails en ivoire, nacre, écaille, d'origine chinoise................	5o fr. oo	5o fr. oo	4	100 k. brut	Idem
Pinceaux chinois à écrire............	10 fr. oo	10 fr. oo	3	100 k. brut	Idem
Allumettes chimiques en bois........	54 fr. oo (A) (26)	54 fr. oo (B) (26)	5	100 k. (A) brut 100 k. (B) net	Décret du 10 octobre 1908.
Allumettes chimiques autres........	62 fr. oo (26)	62 fr. oo (26)		100 k. net	Idem

(26) Indépendamment des droits de douane, les allumettes chimiques sont assujetties en Indochine à une taxe de consommation de vingt-cinq millièmes de piastre (o,o25) par paquet de dix boîtes de 70 allumettes au maximum (arrêté du 19 avril 1906), elles acquittent en outre une taxe représentative des frais d'exercice de un centième de piastre, par paquet de dix boîtes de 70 allumettes au maximum (arrêté du 7 février 1899). Enfin, elles ont à supporter une taxe de manutention de 3 piastres par caisse (ordre de service du 14 janvier 1909, du Directeur Général des Douanes et Régies de l'Indochine, approuvé le 18 janvier 1909 par le Gouverneur Général de l'Indochine).

TABLEAU DES DROITS DE DOUANE
PERÇUS EN INDOCHINE PAR DÉROGATION AU TARIF MÉTROPOLITAIN

EXPORTATION

Avis important. — Les droits qui dans la Métropole frappent certaines marchandises à l'exportation ne sont pas applicables en Indochine s'ils n'ont pas fait l'objet de décrets spéciaux à la colonie. Il en est de même pour les interdictions à la sortie.

DÉNOMINATION DES PRODUITS	RÉGIME APPLICABLE EN INDOCHINE	UNITÉS SUR LESQUELLES PORTENT LES DROITS	TITRES DE PERCEPTION	OBSERVATIONS
CHAPITRE Iᵉʳ **ANIMAUX VIVANTS (1)**				(1) Dans tous les ports de la Cochinchine et du Tonkin par lesquels l'exportation du bétail est autorisée, un droit de visite sanitaire est perçu en ce qui concerne les animaux des espèces équine, asine, et leurs dérivés, bovine, bubaline, ovine, caprine et porcine destinés à cette exportation. Ce droit de visite est fixé comme suit : chevaux, ânes, mulets : une piastre par tête; bovins et bubalins, cinquante centièmes de piastre par tête; ovins, caprins et porcins, jusqu'à 6 têtes de chaque espèce inclus, dix centièmes de piastre par tête; au-dessus de 6 têtes de chaque espèce, cinq centièmes de piastre par tête. Les droits seront réduits de moitié lorsque la visite du vétérinaire portera sur des groupements de 50 têtes (espèces bovine et bubaline) ou de six têtes seulement (autres espèces) appartenant au même propriétaire. L'espèce chevaline est exceptée de ces dispositions et sera dans tous les cas taxée à plein tarif ainsi que les ânes et les mulets (arrêtés du 14 décembre 1919 du Gouverneur Général, pour la Cochinchine et du 20 juin 1919 du Résident Supérieur au Tonkin, pour le Tonkin).
Chevaux et poulains.....	20 fr. 00	Tête	Décret du 10 octobre 1908.	
Bœufs, vaches, taureaux, veaux...............	5 fr. 00	Idem	Idem	
Buffles et bufflesses......	20 fr. 00	Idem	Idem	
Porcs.................	2 fr. 00	Idem	Idem	
Cochons de lait au-dessous de 15 kilogrammes....	1 fr. 50	Idem	Idem	
Eléphants...............	500 fr. 00	Idem	Idem	
Autres animaux vivants (2)	Exempts	»	Idem	
CHAPITRE II **PRODUITS ET DÉPOUILLES D'ANIMAUX** **(3)**				Les droits de visite sanitaire sont fixés pour l'Annam ainsi qu'il suit : Espèce chevaline : une piastre par tête. Espèces bovine et bubaline : Jusqu'à 50 têtes visitées le même jour et appartenant au même exportateur : soixante centièmes de piastre par tête. Au-dessus de 50 têtes : trente centièmes de piastre par tête. Espèces ovine, caprine et porcine :
Soie grège et redévidée (4)	100 fr. 00	100 k. net	Décret du 10 octobre 1908.	
Bourres de soie, cocons, frisons, déchets de soie.	15 fr. 00	100 k. brut	Idem	
Nids d'hirondelles.......	600 fr. 00	100 k. net	Idem	
Autres produits non dénommés.............	Exempts	»	Idem	
CHAPITRE III **PÊCHES**			Décrets des 10 octobre 1908 et 18 février 1909.	Jusqu'à 50 têtes (à l'exception des ports
Poissons frais de toutes espèces...............	1 fr. 00	100 k. brut		

DÉNOMINATION DES PRODUITS	RÉGIME APPLICABLE EN INDOCHINE	UNITÉS SUR LESQUELLES PORTENT LES DROITS	TITRES DE PERCEPTION	OBSERVATIONS
Poissons secs, fumés ou salés de toutes espèces....	2 fr. 00	100 k. brut	Décret du 10 octobre 1908.	de Nha-Trang, Hone-Cohé et Phanrang pour lesquels les droits seront de seize centièmes de piastre pour Nha-Trang et vingt-quatre centièmes de piastre pour Hone-Cohé et Phanrang) : vingt centièmes de piastre par tête. Au-dessus de 50 têtes (à l'exception des ports de Nha-Trang, Hone-Cohé et Phanrang pour lesquels les droits seront de huit centièmes de piastre pour Nha-Trang et douze centièmes de piastre pour Hone-Cohé et Phanrang) : dix centièmes de piastre par tête (arrêté du 10 décembre 1919 du Résident Supérieur en Annam). Les droits de visite sanitaire sont fixés pour le Cambodge ainsi qu'il suit : Douze centièmes de piastre par tête pour les animaux des espèces équine, asine, et leurs dérivés, bovine et bubaline. Huit centièmes de piastre pour les animaux des espèces porcine, ovine et caprine (arrêté du 5 juillet 1919 du Résident Supérieur au Cambodge). D'une manière générale, les droits de visite sanitaire ne sont pas perçus et la visite n'a pas lieu si le bétail est exporté à destination d'un pays dont les autorités n'exigent pas au débarquement la présentation d'une pièce officielle sanitaire délivrée par les autorités indochinoises (arrêté du 12 juin 1920 du Gouverneur Général de l'Indochine). Il n'est pas exercé de visite sanitaire au Laos où le Service vétérinaire n'existe encore que théoriquement. L'immatriculation des animaux appartenant aux espèces chevaline, bovine ou bubaline exportés du Laos est, par contre, obligatoire. La taxe d'immatriculation est de vingt-cinq centièmes de piastre par tête (arrêté du 2 mai 1920 du Gouverneur Général de l'Indochine). *Tonkin, Annam, Laos.* — L'exportation hors de ces territoires des femelles des espèces bovine et bubaline et des mâles et hongres de ces espèces âgés de moins de 5 ans est interdite. L'abatage des femelles des mêmes espèces en vue de l'exportation à l'état de viande fraîche, en boîtes ou conservée, est également interdit; il en est de même de l'exportation sous la même forme des mâles et hongres des mêmes espèces âgés de moins de cinq ans, sauf en
Pâtes de poissons, saumures, etc..............	1 fr. 50	Idem	Idem	
Crevettes sèches, biches de mer, ailerons de requins, algues marines........	1 fr. 50	Idem	Idem	
Graisses et huiles de poissons.................	1 fr. 50	Idem	Idem	
Autres produits non dénommés.............	Exempts	»	Idem	
CHAPITRE IV **SUBSTANCES ANIMALES BRUTES PROPRES A LA MEDECINE ET A LA PHARMACIE**				
Tous produits..........	Exempts	»	Idem	
CHAPITRE V **MATIERES DURES A TAILLER**				
Tous produits..........	Exempts	»	Idem	
CHAPITRE VI **FARINEUX ALIMENTAIRES**				
Paddy et riz cargo renfermant plus de 33 % de paddy..............	0 fr. 76 (5)	100 k. brut	Décret du 10 octobre 1908.	
Riz cargo renfermant moins de 33 % de paddy.	0 fr. 42 (5)	Idem	Idem	
Riz blanc..............	0 fr. 32 (5)	Idem	Idem	
Farines et brisures de riz.	0 fr. 03 (5)	Idem	Idem	
Autres produits non dénommés.............	Exempts	»	Idem	
CHAPITRE VII **FRUITS ET GRAINES**				
Anis étoilé..............	50 fr. 00	100 k. brut	Décrets des 10 octobre 1908 et 18 février 1909.	
Autres produits non dénommés..............	Exempts	«	Décret du 10 octobre 1908	

DÉNOMINATION DES PRODUITS	RÉGIME APPLICABLE EN INDOCHINE	UNITÉS SUR LESQUELLES PORTENT LES DROITS	TITRES DE PERCEPTION	OBSERVATIONS
CHAPITRE VIII **DENRÉES COLONIALES DE CONSOMMATION**				ce qui concerne les veaux ou buffles âgés de moins de vingt mois.
			Décrets des 10 octobre 1906 et 18 février 1909.	Les restrictions qui précèdent ne sont pas applicables, en ce qui concerne l'âge, le sexe et le contingentement des animaux abattus ou exportés, au bétail des industriels et colons ayant fait reconnaître par l'administration des entreprises spéciales d'élevage.
Sucre blanc.............	6 fr. oo	100 k. brut		
Sucre brun.............	2 fr. oo	Idem	Décret du 10 octobre 1908.	L'exportation de ces animaux vivants ou morts n'est autorisée que par certains
Déchets, mélasses et cannes à sucre fraîches....	1 fr. oo	Idem	Idem	points déterminés de la frontière (arrêtés du Gouverneur Général du 10 décembre
Amomes et cardamomes..	10 fr. oo	Idem	Idem	1919 pour le Tonkin, du 28 août 1919 pour l'Annam et du 8 janvier 1920 pour
Cannelle...............	120 fr. oo	100 k. net	Idem	le Laos).
Autres produits non dénommés (6)..........	Exempts	»	Idem	*Cambodge.* — L'abatage au Cambodge et l'exportation de ce pays des animaux femelles des races bovine et bubaline âgés
CHAPITRE IX **HUILES ET SUCS VÉGÉTAUX**				de moins de neuf ans sont interdits (arrêté du 29 novembre 1917 du Gouverneur Général).
			Décret du 10 octobre 1908.	*Cochinchine.* — Pas de restrictions spéciales.
Essence de badiane.......	200 fr. oo	100 k. net		(2) L'exportation par les frontières de terre des chiens de forte race, interdite en
Gomme laque et stick laque	10 fr. oo	100 k. brut	Idem	France, est libre en Indochine.
Huiles à laquer..........	35 fr. oo	100 k. brut	Idem	(3) Voir au chapitre précédent les restrictions d'ordre local concernant le bétail
Autres produits non dénommés (7)	Exempts	»	Idem	exporté à l'état de viande fraîche, en boîtes ou conservée.
CHAPITRE X **ESPÈCES MÉDÉCINALES**				(4) Depuis le 1er octobre 1919 les soies grèges filées au Cambodge et exportées sur
Tous produits...........	Exempts	»	Idem	la Métropole bénéficient d'une prime de une piastre par kilogramme de soie. Les
CHAPITRE XI **BOIS**				grèges primées doivent provenir de filature soit à vapeur, soit à « feu vu » appartenant à des Français ou à des sujets ou protégés français, avoir été filées au
Charbon de bois........	0 fr. 20	100 k. brut	Idem	guindage français, à bouts noués, provenir d'un groupe d'au moins 4 bassines, et
Autres produits non dénommés.............	Exempts	»	Idem	être d'un titre commercial et d'un dévidage admis aux cotes officielles (arrêté du 8 juillet 1919 du Gouverneur Général de
CHAPITRE XII **FILAMENTS, TIGES ET FRUITS A OUVRER**				l'Indochine valant jusqu'à concurrence de 6.000 kilos de soie grège pour une même année et, pour la durée, jusqu'au 31 mars 1923).
Coton brut.............	2 fr. oo	100 k. brut	Idem	(5) Indépendamment des droits de douane à l'exportation, les riz, paddys, farines et brisures de riz acquittent une taxe
Coton égrené...........	3 fr. oo	Idem	Idem	représentative de l'impôt foncier fixée par
Autres produits non dénommés.............	Exempts	»	Idem	arrêté du 24 février 1921 et dont la quo-

DÉNOMINATION DES PRODUITS	RÉGIME APPLICABLE EN INDOCHINE	UNITÉS SUR LESQUELLES PORTENT LES DROITS	TITRES DE PERCEPTION	OBSERVATIONS
CHAPITRE XIII **TEINTURES ET TANINS**				tité, variable selon l'état dans lequel les produits sont présentés, est la suivante : Paddy et riz cargo contenant plus de 33 % de paddy, 36 centièmes de piastre, par 100 kilos. Riz cargo contenant moins de 33 % de paddy, 45 centièmes de piastre par 100 kilos. Riz blanc, 57 centièmes de piastre par 100 kilos. Brisures, 27 centièmes de piastre par 100 kilogs. Farines, 15 centièmes de piastre par 100 kilos. Les riz, paddys et farines exportés par le port de Saïgon sont en outre frappés d'une taxe dite d'outillage fixée par arrêté du 17 janvier 1919 et dont la quotité est la suivante : Riz, par 100 kilos, 4 centièmes de piastre. Paddy et farines, par 100 kilos, 2 centièmes de piastre. Les brisures de riz sont exemptes de cette taxe. Enfin, les riz et dérivés du riz sont assujettis à la taxe de statistique qui s'élève à quatre centièmes de piastre par tonne métrique de 1.000 kilos ou par mètre cube pour les marchandises en vrac et à deux centièmes de piastre pour les marchandises en futailles, caisses, sacs ou autres emballages (arrêtés des 19 décembre 1914 et 17 mars 1920). Les restrictions d'ordre local actuellement en vigueur sont les suivantes : *Cochinchine.* — Pas de restrictions spéciales. *Cambodge.* — Pas de restrictions spéciales. *Laos.* — L'exportation des riz, des paddys et de leurs dérivés provenant des provinces de Saravane, Attopeu, Bassac et Savannakhet et destinés aux autres provinces du Laos, au reste de l'Indochine, à la Métropole et aux pays étrangers est interdite (arrêté du 27 septembre 1919). Toutefois, l'exportation des riz, paddys et dérivés récoltés dans la province d'Attopeu et destinés à l'approvisionnement de la province cambodgienne du Stung-Treng est autorisée (arrêté du 13 avril 1920).
Cunao	1 fr. 00	100 k. brut	Décret du 10 octobre 1908	
Autres produits non dénommés	Exempts	»	Idem	
CHAPITRE XIV **PRODUITS ET DECHETS DIVERS**				
Tous produits	Exempts	»	Idem	
CHAPITRE XV **BOISSONS**				
Tous produits	Exempts	»	Idem	
CHAPITRE XVI **MARBRES, PIERRES, TERRES, COMBUSTIBLES MINERAUX, etc. (8)**				
Tous produits (9)	Exempts	»	Idem	
CHAPITRE XVII **METAUX (8)**				
Tous produits (9)	Exempts	»	Idem	
CHAPITRE XVIII **PRODUITS CHIMIQUES**				
Tous produits (10)	Exempts	»	Décret du 10 octobre 1908.	
CHAPITRE XIX **TEINTURES PREPAREES**				
Tous produits	Exempts	»	Idem	
CHAPITRE XX **COULEURS**				
Tous produits	Exempts	»	Idem	
CHAPITRE XXI **COMPOSITIONS DIVERSES**				
Tous produits	Exempts	»	Idem	

DÉNOMINATION DES PRODUITS	RÉGIME APPLICABLE EN INDOCHINE	UNITÉS SUR LESQUELLES PORTENT LES DROITS	TITRES DE PERCEPTION	OBSERVATIONS
CHAPITRE XXII **POTERIES**				*Annam.* — Pas de restrictions spéciales. *Tonkin.* — Pas de restrictions spéciales.
Tous produits..........	Exempts	»	Décret du 10 octobre 1908.	(6) Parmi les « autres produits non dénommés » du chapitre VIII figurent les poivres. Un décret du 5 juin 1919 a fixé à 500 tonnes pour la Cochinchine et à 2.000 tonnes pour le Cambodge les quantités de poivres admises annuellement en France au bénéfice de la détaxe coloniale pendant les années 1919, 1920 et 1921. Les poivres appelés à bénéficier de cette détaxe doivent être accompagnés de certificats d'origine spéciaux établis par la douane du port de Saïgon.
CHAPITRE XXIII **VERRES ET CRISTAUX**				
Tous produits..........	Exempts	»	Idem	(7) L'exportation de l'Indochine de l'opium brut et officinal est interdite sauf si cette substance est destinée à des établissements hospitaliers.
CHAPITRE XXIV **FILS**				
Tous produits..........	Exempts	»	Idem	(8) L'exportation ou la réexportation, à destination des pays autres que la France, les colonies françaises et les pays de protectorat français des marchandises suivantes : or, platine et argent, bruts en masses, lingots, barres, poudre, objets détruits, est subordonnée à l'obtention d'une autorisation d'exportation délivrée par le Ministre des Colonies (décret du 9 juillet 1921).
CHAPITRE XXV **TISSUS**				
Tous produits..........	Exempts	»	Idem	(9) Les combustibles extraits en Indochine et les produits industriels dérivés, les minerais extraits en Indochine et les produits d'enrichissement de ces minerais par des procédés physiques, métallurgiques ou chimiques, les métaux, étain, or et argent, à l'exception de tous autres, sont passibles, lorsqu'ils ne sont pas consommés en Indochine des taxes indiquées ci-dessous :
CHAPITRE XXVI **PAPIERS** (11)				Charbon menu et tout venant, 4 centièmes de piastre par tonne (0 p. 04).
Contrefaçons en librairie..	Prohibées	»	Loi du 11 novembre 1892.	Charbon criblé ou calibré, 10 centièmes de piastre, par tonne (0 p. 10).
Autres produits non dénommés..............	Exempts	»	Décret du 10 octobre 1908.	Agglomérés, cokes et mélanges de charbons dans la composition desquels entre du charbon extrait en Indochine, 10 centièmes de piastre par tonne (0 p. 10).
CHAPITRE XXVII **PEAUX ET PELLETERIES OUVRÉES**				Minerais d'étain et minerais de wolfram, 15 piastres par tonne (15 p.).
Tous produits..........	Exempts	»	Idem	Tous autres minerais bruts ou leurs produits d'enrichissement, une piastre par tonne (1 p.).
CHAPITRE XXVIII **OUVRAGES EN MÉTAUX** (11)				Étain métal, 30 piastres par tonne (30 p.).
Tous produits (12)........	Exempts	»	Idem	
CHAPITRE XXIX **ARMES, POUDRES ET MUNITIONS**				
Armes de guerre (13).....	Exemptes	»	Idem	
Munitions de guerre (13)	Exemptes	»	Idem	
Autres produits non dénommés..............	Exempts	»	Idem	

DÉNOMINATION DES PRODUITS	RÉGIME APPLICABLE EN INDOCHINE	UNITÉS SUR LESQUELLES PORTENT LES DROITS	TITRES DE PERCEPTION	OBSERVATIONS
CHAPITRE XXX **MEUBLES** Tous produits...........	Exempts	»	Décret du 10 octobre 1908.	Or en lingots (quel qu'en soit le titre), 10 piastres par kilogramme (10 p.). Argent en lingots (quel qu'en soit le titre), 50 centièmes de piastre par kilogramme (o p. 50).
CHAPITRE XXXI **OUVRAGES EN BOIS** Tous produits...........	Exempts	»	»	Toutefois, le Gouverneur Général peut, par des arrêtés spéciaux, valables pour trois ans au plus, mais renouvelables, réduire les taxes frappant des minerais, des produits d'enrichissement ou des métaux déterminés (décret du 23 novembre 1918).
CHAPITRE XXXII **. INSTRUMENTS DE MUSIQUE** Tous produits...........	Exempts	»	»	L'arrêté du 20 juin 1919 accordant jusqu'au 30 juin 1920 des réductions de taxes sur les minerais de zinc, de plomb, d'étain et de tungstène a été prorogé jusqu'au 31 décembre 1921 (arrêté du 22 septembre 1921 du Gouverneur Général).
CHAPITRE XXXIII **OUVRAGES DE .SPARTERIE ET DE VANNERIE** Tous produits...........	Exempts	»	»	Pour favoriser la création d'usines métallurgiques de fer, de plomb et zinc dans la colonie, le décret du 23 novembre 1918 a exonéré de tous droits les métaux autres que l'or, l'argent et l'étain.
CHAPITRE XXXIV **OUVRAGES EN MATIERES DIVERSES** Tous produits...........	Exempts	»	»	(10) L'exportation de l'Indochine des alcaloïdes de l'opium (à l'exception de la codéine), de leurs sels et de leurs dérivés, de la cocaïne, de ses sels et de ses dérivés, de la diacetylmorphine et de ses sels, de l'extrait d'opium, du haschich et de ses

préparations et de la morphine et de ses sels, est interdite, sauf si ces substances sont destinées à des établissements hospitaliers.

L'exportation des préparations dites « anti-opium » est interdite (décret du 16 juillet 1919).

(11) L'exportation ou la réexportation, à destination des pays autres que la France, les colonies françaises et les pays de protectorat français des Papiers représentatifs de la monnaie et des monnaies d'or, d'argent, de cuivre et de billon, est subordonnée à l'obtention d'une autorisation d'exportation délivrée par le Ministre des Colonies (décret du 9 juillet 1921).

(12) L'exportation hors d'Annam des sapèques de toutes catégories est interdite (arrêté du 30 décembre 1919 du Gouverneur Général de l'Indochine).

(13) L'exportation de toutes armes de guerre, des pièces d'armes de guerre et des munitions de guerre à destination de la Chine et des pays limitrophes de la Chine est prohibée, sauf les exceptions qui pourront être autorisées sous des conditions déterminées par le Ministre des Finances, après entente avec le Ministre des Affaires étrangères.

L'exportation des objets ci-dessus visés pour toutes autres destinations est autorisée dans les conditions fixées par la loi du 14 août 1885 et sous réserve de garanties indiquées dans un décret du 8 novembre 1919.

Voir les arrêtés du 21 décembre 1920 du Gouverneur Général, relatifs à l'exportation ou la réexportation des armes d'escrime à destination des pays limitrophes de l'Indochine et aux demandes d'achat d'armes et de munitions à destination des mêmes pays.

Tableau des Pays bénéficiant en Indochine du Tarif minimum [1]

1° Pour la totalité des produits repris au tarif minimum :

Belgique, Colombie, Danemark (y compris l'Islande et les îles Feroë, considérées comme dépendances européennes du Danemark), Egypte, Equateur, Espagne (y compris les îles Baléares, les îles Canaries et les possessions espagnoles du Maroc), Grande-Bretagne (y compris l'Irlande et les îles de Jersey, Guernesey et Aurigny), Grèce (y compris la Crête), Italie (sauf les soies et soieries reprises aux n°ˢ 27, 379, 380, 381 et 459 du tableau des droits), Luxembourg, Maroc, Mexique, Monténégro, Norvège, Paraguay, Pays-Bas, Perse, République Argentine, République· Dominicaine, Russie, Suède, Suisse, Turquie (pour les produits de Samos, Chio, Rhodes, Mithylène, Chypre et autres îles asiatiques de la Turquie, ainsi que de Bassorah et des territoires de la Palestine et de la Syrie occupés par les alliés), Uruguay.

2° Pour une partie seulement des produits inscrits au tarif minimum :

PRODUITS AUXQUELS EST LIMITÉ LE BÉNÉFICE DU TARIF MINIMUM	DÉSIGNATION DES PAYS
Denrées coloniales autres que le sucre et ses dérivés, les tabacs et le cacao.	Brésil.
Produits divers inscrits au décret du 12 mars 1921.	Canada.
Produits divers inscrits à la loi du 29 mars 1910 et aux décrets des 29 mars 1910 et 4 avril 1910. Les droits du tarif général antérieur au 29 mars 1910 continuent en outre à être appliqués en vertu des mêmes textes à certains produits et marchandises originaires des pays désignés ci-contre.	Etats-Unis de l'Amérique du Nord et île de Porto-Rico.
Denrées coloniales autres que le sucre et ses dérivés et que les tabacs.	Antilles danoises, Barbade (île de la), Ceylan (île de), Chine, Colonies néerlandaises, Congo (Etat indépendant du), Corée, Costa-Rica (République de), Etablissements anglais des Détroits (île de Singapore, province de Malacca et des Dindings, île de Poulo-Pinang et province de Wellesley), Etats fédérés Malais (Jelebu, Johore, Pahang, Perak, Selangar et Sungei-Ujong), Ethiopie, Honduras (République du), Hong-Kong (colonie de), Indes Anglaises et Etats indigènes assimilés (Travancore, Cochin, Sachin, Janjira, Cambay, Cutch, Baroda, Junaghad, Navnagar, Bhavnagar, Porbander, Morvi, Jafrabad), Jamaïque (la), Libéria (République de), Mascate, Protectorats britanniques de l'Est Africain, du Centre Africain et de l'Ouganda, Seychelles (îles), Siam, Zanzibar (Sultanat de).
Produits repris aux listes annexées au décret du 20 juillet 1921.	Finlande.
Café, cacao, poivre, piment, amomes et cardamomes, cannelle, cassia lignea, muscades, macie; girofle, vanille, huiles de palme, de coco, de touloucouna, d'illipé, de palmiste, de ricin, de pulghère et huiles assimilées, baumes, caoutchouc, bois de toutes essences et indigo.	Nicaragua (République du).
Denrées coloniales (autres que le sucre et ses dérivés et que les tabacs), indigo, caoutchouc brut, bananes et huiles fixes pures.	Salvador (République du).
Produits divers inscrits au décret du 28 avril 1921. Les droits du tarif général avec le pourcentage de réduction sont, d'autre part, applicables à certains produits en vertu du même décret.	Tchéco-Slovaquie.

(1) Le tarif minimum ne joue pas pour les articles qui sont repris aux rubriques du tarif spécial à l'Indochine.

DROITS ET TAXES ACCESSOIRES DE DOUANE

DROIT DE STATISTIQUE

Le droit de statistique est dû sur les marchandises de toute nature et de toute provenance importées en Indochine ou exportées de l'Indochine pour quelque destination que ce soit.

Le droit de statistique est perçu à raison de :

Quatre centièmes de piastre par tonne métrique de 1.000 kilogs ou par mètre cube, d'après l'unité de perception inscrite au tarif des douanes, sur les marchandises en futailles, caisses, sacs ou autres emballages.

Quatre centièmes de piastre par tête sur les animaux vivants ou abattus des espèces chevaline, bovine, ovine, caprine et porcine.

Deux centièmes de piastre pour les animaux ou marchandises ayant simplement transité.

La perception n'a lieu qu'une fois soit à l'entrée, soit à la sortie du territoire pour les animaux ou marchandises ayant simplement transité; les marchandises placées en entrepôt ou en dépôt n'acquittent également le droit qu'une seule fois à l'entrée ou à la sortie.

Un certain nombre de marchandises emballées ne sont taxées qu'à la tonne métrique ou par groupes de colis; le mètre cube est d'autre part substitué parfois à la tonne métrique comme unité de perception pour certaines marchandises en vrac. En général, ces exceptions sont les mêmes en Indochine que dans la métropole. Il en est de même pour les exemptions (bagages des voyageurs, colis postaux, échantillons sans valeur marchande, houilles pour l'avitaillement des navires, lest, etc., etc.).

La taxe pour le développement du commerce extérieur instituée en France par la loi du 25 août 1919 n'est pas applicable en Indochine.

DROIT DE TRANSIT

Il est accordé une détaxe de 80 % sur les droits d'importation pour les marchandises étrangères transitant à travers l'Indochine française. Cette détaxe ne joue pour le pourcentage indiqué qu'autant que les traités et conventions conclus entre la France et les pays limitrophes de l'Indochine ne contiennent pas de dispositions contraires.

SURTAXES D'ENTREPOT

Les surtaxes d'entrepôt établies par l'article 2 de la loi du 11 janvier 1892 et applicables aux produits d'origine extra-européenne importés d'un pays d'Europe ne sont pas perçues en Indochine (décret du 29 novembre 1892).

JUSTIFICATIONS D'ORIGINE

Marchandises venant de France. — Pendant la durée des hostilités, le Service des Douanes de l'Indochine, tenant compte des perturbations apportées dans le fonctionnement des services de transit de la Métropole par la mobilisation générale, avait accordé au commerce de larges tolérances quant à l'obligation de produire des pièces justificatives de l'origine des marchandises provenant de France.

Des instructions viennent d'être données aux bureaux de visite de la colonie pour que les importateurs soient invités à justifier, comme par le passé, de l'origine des marchandises importées de France, à l'aide d'un passavant levé au port d'embarquement (pour les marchandises françaises exemptes de droits de sortie en France) ou d'un acquit-à-caution (pour les marchandises étrangères qui n'auraient fait que transiter à travers la France sans acquitter les droits d'importation et pour les marchandises françaises ou étrangères passibles en France de droits de sortie ou de taxes de consommation). D'autre part, les marchandises doivent toujours faire l'objet d'une inscription au manifeste douanier du navire importateur.

Il appartient aux négociants et industriels de l'Indochine d'exiger de leurs correspondants dans les ports l'accomplissement de toutes les formalités en douane au départ de la marchandise. L'oubli de ces formalités peut entraîner l'application du tarif ou, si le destinataire accepte de passer une soumission, des retards et complications qu'il est facile d'éviter en observant les règlements en vigueur.

Lorsque les formalités en douane ont été omises, certains importateurs se flattent d'y suppléer en se faisant délivrer par les Chambres de Commerce françaises des certificats d'origine; or, ces attestations de complaisance, délivrés plusieurs mois après l'expédition des marchandises, ne peuvent avoir aucune valeur probante puisqu'elles sont établies sous l'unique responsabilité du négociant ou de l'industriel expéditeur .

En résumé, des délais pour la justification de l'origine ne peuvent être utilement accordés aux importateurs que dans le cas où les pièces réglementaires établies au port d'embarquement ne sont pas parvenues pour un motif quelconque (retard, perte, etc.), au port de destination. En ce cas seulement, la douane française peut être appelée à délivrer l'attestation que les formalités réglementaires avaient bien été accomplies en temps utile.

Marchandises venant de l'étranger. — Lorsqu'il s'agit de marchandises provenant, directement ou non, d'un pays qui ne bénéficie pas du tarif minimum à l'entrée en Indochine, aucune justification de l'origine n'est exigible. Pour les marchandises provenant des pays admis au bénéfice du tarif réduit, un certificat d'origine, visé par le Consul de France du lieu de production, peut être exigé par la douane du port de destination quand le simple examen ne permet pas de déterminer, sans doute possible, la nationalité d'origine.

Transport direct. — Dans tous les cas où un régime de faveur est demandé pour une marchandise en raison de son origine, le transport direct est de règle.

Régime applicable

aux produits de l'Indochine importés directement en France et accompagnés des justifications d'origine réglementaires

Nos	NATURE DES PRODUITS	DROITS APPLICABLES	OBSERVATIONS
90	Sucres bruts destinés au raffinage............................	46 fr. 00	Les 100 k. net de sucre raffiné.
90	Sucres bruts autres............................	46 fr. 00	Par 100 k. (poids net effectif).
90	Sucres raffinés et agglomérés, autres que candis............	46 fr. 00	Idem
90	Sucres raffinés et agglomérés, candis........................	49 fr. 22	Idem
92	Mélasses autres que pour la distillation ayant en richesse : saccharine absolue, 50 % ou moins............................	19 fr. 50 (1)	Par 100 k.
	plus de 50 %............................	40 fr. 90 (1)	Idem
93	Sirops, bonbons, fruits confits au sucre......................	46 fr. 00 (1)	Idem
94	Biscuits sucrés............................	23 fr. 00 (1)	Idem
95	Confitures au sucre ou au miel............................	23 fr. 00 (1)	Idem
99	Poivres (2)............................	208 fr. 00 (3)	100 k. nets
—	Produits coloniaux non spécifiés ci-dessus....................	Exempts	»
—	Produits d'origine étrangère réexportés de l'Indochine et importés en France............................	Droits du tarif métropolitain (4)	»

Nota. — Les tabacs de l'Indochine ne peuvent être introduits en franchise que pour le compte des manufactures de l'Etat; en dehors de cette destination, ils demeurent passibles des conditions du tarif général. Les allumettes chimiques, les bois préparés pour allumettes et la saccharine sont également soumis aux conditions de ce tarif.

(1) Non compris la taxe de raffinage de 2 francs par 100 kilos.

(2) La détaxe de 104 francs sur le droit des poivres étrangers (312 f. T. M.) acquise aux poivres de l'Indochine, ne joue que jusqu'à concurrence d'un crédit annuel fixé par décret tous les trois ans soit 2.500 tonnes (Cambodge : 2.000; Cochinchine : 500) pour les années 1919, 1920 et 1921.

(3) Non compris la taxe intérieure de 208 francs par 100 kilos.

(4) Les denrées coloniales d'origine étrangère importées en France dans ces conditions y seraient admises sous déduction des taxes spéciales qu'elles auraient acquittées dans la colonie. Les autres marchandises acquittent les droits du tarif métropolitain sans préjudice de ceux qu'elles ont pu acquitter en Indochine.

TEXTES MODIFIANT LE TARIF MÉTROPOLITAIN NON ENCORE APPLIQUÉS EN INDOCHINE

Il s'écoule toujours un délai entre la date d'entrée en vigueur d'un texte de douane en France et celle de la promulgation du même texte dans les colonies soumises au régime douanier de la Métropole.

Nous croyons utile de donner ci-dessous la liste des textes qui n'ont pas encore été mis en vigueur en Indochine, les marchandises visées par ces textes continueront par suite à suivre le régime antérieur de la Métropole jusqu'à nouvel avis.

Il convient de noter que nous ne relevons ici que les textes applicables en Indochine qui concernent l'importation, les mesures douanières de la Métropole relatives à l'exportation n'étant pas obligatoires pour les colonies.

Décret du 29 août 1920 instituant des droits *ad valorem* sur certains instruments de musique : pianos droits et pianos à queue, ainsi que leurs pièces détachées (35 % tarif général et minimum). Orgues, harmoniums, instruments à anches libres métalliques, orgues d'églises, orgues de barbarie, instruments mécaniques à tuyaux, orgues mécaniques à tuyaux, pianos avec tuyaux d'orgue, instruments à cordes frappées ou à anches jouant mécaniquement, cylindres supplémentaires, orgues à manivelle, aristons, manopans ou autres instruments à anches libres, pièces détachées (35 % tarif général et minimum). Phonographes, gramophones et similaires à cylindres ou à disques, mouvements, accessoires ou pièces détachées (25 % tarif général et minimum). Cylindres, disques ou galette en cire ou toute autre matière (25 % tarif général et minimum).

Décret du 27 mars 1921 créant ou modifiant des coefficients de majoration (extraits de noix de galle et de sumac, de châtaigniers et autres tannants tirés des végétaux, extraits de quebracho liquides (4), extraits de bois de teinture et d'autres espèces tinctoriales (5), outremer (3), amidon (3), fils de lin, de chanvre et de ramie, fils, tissus, sacs de jute, bonneterie, aiguilles pour métiers (divers) manches de fouet en micocoulier (3), chapeaux dits « gibus » (5).

Décret du 28 mars 1921 portant relèvement des droits pour les marchandises passibles du tarif général.

Décret du 1ᵉʳ avril 1921 modifiant le tableau des droits de douane en ce qui concerne les billes de roulement et roulements annulaires à billes : institution d'un droit *ad valorem* de 70 % (T. G.) et de 35 % (T. M.).

Décret du 2 avril 1921 créant ou modifiant des coefficients de majoration (aluminium (divers), celluloïd (5), bouteilles, fioles, flacons en verre, tissus de lin, de chanvre ou de ramie (divers), pièces détachées de machines, de cadres porteurs de châssis d'automobiles, de chaudières et d'appareils similaires (3) et tabletterie d'autres matières (5).

Décret du 21 mai 1921 portant à 60 % en tarif général le droit *ad valorem* de 20 % institué par le décret du 26 avril 1921 pour les médicaments composés non dénommés.

Décret du 28 juin 1921 portant institution de coefficients de majoration en ce qui concerne les céréales, les sucres et produits sucrés; les dispositions de ce texte se retrouvent sans changements dans le décret du 29 juin 1921.

Décret du 29 juin 1921 créant des droits d'entrée *ad valorem* pour les fusils de chasse et armes de tir se chargeant par la culasse et portant révision générale des coefficients de majoration institués par les décrets antérieurs.

Décret du 21 août 1921 complétant le tableau des coefficients de majoration des droits de douane en ce qui concerne les bois feuillards, la terre d'infusoires et certains produits chimiques.

Décret du 18 août 1921 réduisant à 12 fr. par 100 kilos le droit du tarif général sur les tapiocas exotiques ou indigènes bruts en grumeaux.

Décret du 7 octobre 1921 exceptant les aciers en barres destinés aux fabricants de ressorts du relèvement des droits du tarif général résultant du décret du 28 mars 1921 et les exonérant des coefficients de majoration des droits institués par le décret du 29 juin 1921.

Décret du 14 octobre 1921 substituant aux droits spécifiques des vitrifications (nº 358) des taxes *ad valorem*.

Décret du 15 octobre 1921 remplaçant les droits spécifiques par un droit *ad valorem* en ce qui concerne le malt (orge germée).

Décret du 20 octobre 1921 modifiant les droits applicables à certains outils de mécaniciens.

Décret du 26 octobre 1921 modifiant les droits applicables aux compteurs, tachymètres, etc...

Décret du 26 octobre 1921 établissant des droits *ad valorem* sur certaines marchandises (dents artificielles, tissus de lin et de coton, rouleaux ou bandes pour cinématographes, hameçons, pianos, orgues, instruments de musique, phonographes, accessoires, etc...)

Décret du 4 novembre 1921 modifiant les droits de douane du chlorure de potassium et du sulfate de potasse.

Décret du 16 décembre 1921 complétant et modifiant le tableau des coefficients de majoration annexé au décret du 29 juin 1921 (saucissons, huiles fixes pures, extraits de quebracho, induits de machines dynamo-électriques et pièces détachées, chapeaux, cloches ou chapeaux de paille, d'écorces, etc., ouvrages en caoutchouc et gutta-percha, chapeaux de feutre, casquettes, bonnets, etc.).

Décret du 29 décembre 1921 complétant et modifiant le tableau des coefficients de majoration annexé au décret du 29 juin 1921 (figues sèches, fers ou aciers machine, fils de fer et d'acier, balais en charbon pour machines dynamo-électriques, autres charbons agglomérés, épingles, tiges en acier pour parapluies, clous, pointes, boutons-pression).

Décret du 30 décembre 1921, complétant et modifiant le tableau des coefficients de majoration annexé au décret du 29 juin 1921 (tissus de soie originaires des pays d'Extrême-Orient, pongées, corah, tussah ou tussor d'origine extra-européenne, tubes et serpentins en fer ou en acier).

TOULOUSE — IMPRIMERIE DU CENTRE, 28, ALLÉE JEAN-JAURÈS.

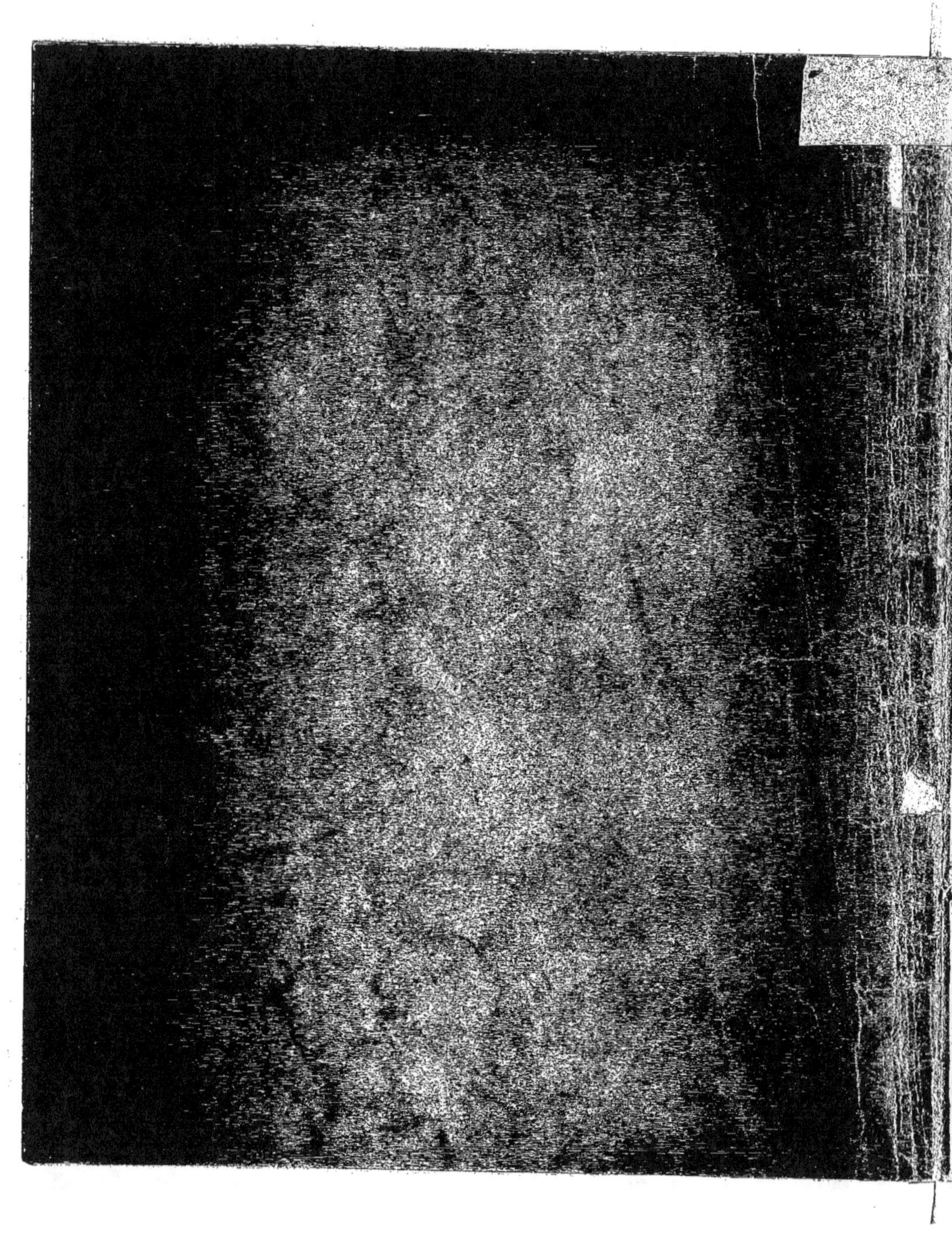

www.ingramcontent.com/pod-product-compliance
Lightning Source LLC
LaVergne TN
LVHW051129060726
842526LV00006B/1969